CONSIDÉRATIONS POLITIQUES SUR LA PAIX,

LA paix est le terme naturel de la guerre ; c'est à ce but que doivent nécessairement aboutir les querelles les plus longues, les plus sanglantes, les plus furieuses. Les corps politiques ressemblent aux corps physiques. Après de grands mouvemens, après de longues et de violentes agitations, il faut bien que la lassitude et l'épuisement commandent le repos et fassent taire les passions. Depuis près de quatre ans, le peuple français défend avec autant d'énergie que de constance la plus juste des causes, celle de son indépendance et de sa souveraineté. La fortune a couronné ses efforts par d'éclatans succès. En vain la discorde et la trahison ont accumulé dans son sein et autour de lui des obstacles de tout genre. Le génie triomphant de la liberté a tout renversé. Les rois de l'Europe sentent enfin et avouent aujourd'hui l'ascendant irrésistible d'un grand peuple, animé du sentiment de ses forces et de ses droits ; ascendant qu'ils ont si souvent traité avec le sourire du dédain. Ces ennemis, jadis si fiers et si menaçans, montrent aujourd'hui toute leur impuissance et leur faiblesse ; ils desirent et demandent la paix. Nous sommes donc arrivés à l'époque la plus glorieuse et la plus importante de notre révolution, celle qui doit fixer le sort de la France et de l'Europe. Mais s'il fallut le bras d'Hercule pour combattre et accabler la tyrannie, il faudrait la tête de Minerve pour assurer, par d'heureuses combinaisons, le destin de la liberté. L'effet naturel de la victoire est d'enfler le cœur et d'aveugler l'esprit. Les passions qui ne nous montrent jamais que quelques faces des objets, nous représentent comme juste tout ce qui est possible, comme avantageux tout ce qui offre quelque aspect d'utilité. Il faut savoir se défier de ces dangereuses illusions de l'amour-propre qui sacrifie presque toujours l'avenir au présent, la réalité à l'apparence. Il faut se souvenir, même au milieu des triomphes de la victoire, que les règles de la morale s'appliquent aux nations comme aux particuliers, et que la justice et la modération sont le fondement le plus solide et le garant le plus sûr des traités. Il convient donc d'examiner la question de la paix sous tous sés rapports Si les idées que j'ai à présenter à cet égard n'atteignent pas le but, elles pourront du moins en provoquer d'autres, plus propres à fixer l'opinion sur cette importante matière.

Cet examen se divise naturellement en deux parties; 1°. Quelles sont les limites qu'il convient d'assigner à la France; 2°. Quels seraient, dans le systême de la paix générale, les moyens de concilier l'intérêt de toutes les parties avec l'intérêt de la France et de la liberté.

La victoire et la fortune semblent conspirer avec la nature et la politique pour placer nos nouvelles limites aux Alpes et au Rhin, comme elles les ont fixées depuis long-temps aux Pyrénées et aux deux mers. Je sais tout ce que l'imagination peut offrir de séduisant à l'esprit pour revêtir cette idée des couleurs de l'utilité et de la justice. La France, circonscrite dans les limites de l'ancienne Gaule, sera comme une île au centre de l'Europe, fermée de tous côtés par des barrières naturelles, inaccessibles. La capitale de ce superbe empire se trouvera, par le reculement de sa frontiere du Nord, placée à une distance convenable des extrémités. Ces avantages sont encore relevés par la grande latitude que cet accroissement de territoire doit donner au commerce et à l'industrie, et par conséquent à la prospérité et à la puissance nationale. Trois grands fleuves, après avoir arrosé nos départemens septentrionaux, traversent, en se rendant vers la mer, tous les pays que l'on veut ajouter à l'ancien territoire de la France. Ces pays sont en même temps les plus fertiles, les plus riches et les plus peuplés de l'Europe. Leur situation vers la mer, les communications faciles qu'établissent entre toutes leurs villes plusieurs rivières qui coulent sur un plan uni et peu incliné, la fertilité extraordinaire de leur territoire, y ont fait fleurir depuis plus de trois siecles les manufactures et le commerce. Anvers était une autre Venise, avant que les Hollandais eussent fermé l'embouchure de l'Escaut: et si toutes ces villes sont en général déchues de leur ancienne splendeur, ce n'est pas qu'elles n'aient toujours les mêmes ressources et les mêmes moyens de prospérité, mais c'est que la fortune et la politique ne suivent pas toujours dans leurs jeux les convenances naturelles. La révolte d'une partie de ces provinces contre les Espagnols, tandis que les autres retournèrent sous le joug de leurs anciens maîtres, éleva à côté de ces dernières une puissance rivale qui leur enleva insensiblement tous leurs avantages. La paix d'Utrecht ayant fait passer les Pays-Bas entre les mains des empereurs d'Allemagne, leur état politique devint encore plus précaire et plus dépendant de leurs voisins, à cause du peu de protection qu'ils peuvent recevoir d'un gouvernement trop éloigné et qui manque de marine. N'a-t-on pas vu les Anglais et les Hollandais obliger la maison d'Autriche à supprimer la compagnie des Indes qu'elle avait établie à Ostende? et ces derniers n'ont-ils pas jusqu'à ce jour interdit aux Belges la navigation de la Meuse et de l'Escaut, malgré tous les efforts de l'empereur Joseph II? Mais la réunion des Pays-Bas à la France, qui les touche par tous les points, et qui, en se les appropriant, est intéressée à les faire jouir de tous les biens dont la beauté de leur situation les rend susceptibles, leur promet un degré de splendeur auquel ils n'ont jamais atteint. Des ouvrages d'art, faciles à exécuter, et déja résolus, peuvent lier le commerce de ces belles contrées avec celui de l'intérieur de la France. Nos rapports actuels avec la Hollande nous permettent d'obtenir de cette puissance la libre navigation de la Meuse et de l'Escaut jusqu'à la mer; nouveau moyen d'accroître la prospérité de ces provinces. Si cette réunion présente à la France des avantages immenses, elle paraît légitimée par la nécessité où nous ont mis d'injustes voisins de nous armer pour la défense de notre liberté. La victoire a couronné la cause de la justice; une campagne des plus glorieuses et des plus décisives a mis en notre pouvoir les Pays-Bas, la Hollande et tout le cours du Rhin, à l'exception d'une seule place: et il est raisonnablement permis de croire que la valeur française emportera encore ce dernier boulevard de l'empire germanique. Il paraît donc naturel et juste de garder nos conquêtes, tant comme indemnité de la guerre, que comme sûreté pour l'avenir. Les peuples de l'Europe eux-mêmes sont intéressés à souffrir cette extension de nos frontières. Tous ont plus ou moins à redouter les entreprises de trois gouvernemens aussi insolens qu'audacieux, la Russie, l'Angleterre et l'Autriche. Leur danger doit les inviter à se serrer autour d'une puissance qui, parvenue au terme naturel de sa grandeur, puisse tenir d'une main ferme la balance de la justice, et réprimer les efforts de l'ambition.

Telles sont à peu près les considérations sous lesquelles on a présenté cette importante question. Quant à moi, j'oserai dire qu'elles me paraissent plus spécieuses que solides, plus brillantes que vraies. Je ne rappellerai pas ici la conversation très-connue de Cynéas avec Pyrrhus; mais je citerai le mot plein de bon sens d'un paysan à qui un monarque faisait admirer les aggrandissemens qu'il avait faits à un parc : Sire, vous aurez beau vous étendre, vous aurez toujours des voisins.

On veut que la nature ait elle-même posé les limites de l'empire français, parce que c'est la nature qui a fait les montagnes, les fleuves et les mers. A ce compte-là, il faudra encore ajouter à notre territoire toute la Hollande; car l'Escaut, la Meuse et le Rhin traversent aussi ce pays pour arriver à la mer. Pour montrer combien cette manière de raisonner est fausse et dangereuse, il suffit de l'appliquer à d'autres exemples, où l'intérêt personnel présente moins d'illusions à l'esprit. Les limites de l'Espagne sont marquées encore plus nettement par la nature que celles de la France. Cette puissance occupe une presqu'île qui ne tient au continent que par un isthme, qui en est lui-même séparé par une chaîne de montagnes. Les rois d'Espagne devront donc aussi, en vertu du même raisonnement, faire revivre leurs prétentions sur le Portugal; car le Tage qui arrose leurs états, se jette dans la mer au-dessous de Lisbonne. La maison d'Autriche voudra de même posséder tout le cours du Danube. On a dénoncé à l'Europe l'ambition de la Russie; cependant cette puissance pourrait aussi justifier par les mêmes raisons ses vastes projets. Les deux extrémités de son empire s'appuient sur les mers Noire et Baltique; elle est comme emprisonnée au fond de ces deux golphes par les gouvernemens qui tiennent sous leurs lois les détroits des Dardanelles et du Sund : si donc elle est assez forte pour les détruire, elle y est autorisée par la nature. On voit quels bouleversemens occasionneraient en Europe ces phantômes de l'imagination, s'ils trouvaient quelque accès auprès de la raison.

Sans doute il faut, dans les accroissemens successifs que le progrès du temps et le cours de la fortune apportent à un état, observer autant qu'il est possible le rapport des convenances naturelles; mais il ne faut pas croire que ce soit la seule base des transactions politiques. Il faut considérer avant tout si les changemens proposés sont compatibles avec la justice. Ce doit être là le vrai guide de la politique dans ses rapports intérieurs et extérieurs. La moralité des nations est comme celle des individus, la conformité de leurs actions avec l'intéret général. S'il est des gouvernemens dont le machiavélisme foule aux pieds ce principe, comme les événemens du Nord nous en offrent la preuve, la France ne doit point se modeler sur leur conduite. De même que l'habitude des actions honnêtes et vertueuses acquiert à un particulier, par l'estime et l'amitié de ses semblables, une force morale plus solide et plus durable que celle qu'il tient de la nature et de la fortune, de même les gouvernemens, qui sont constamment fidèles aux principes de la justice, acquièrent par l'alliance et l'amitié des autres peuples une puissance artificielle bien supérieure à leurs forces naturelles. La guerre de la liberté contre la tyrannie nous en a fourni un exemple. Toutes les intrigues et toutes les menaces de la coalition n'ont pu détacher de la neutralité plusieurs gouvernemens qui ont même favorisé notre cause par toutes sortes de moyens indirects. Si donc la France a conservé au dehors des amis jusques dans ses plus grandes crises politiques, elle le doit à sa fidélité à remplir ses engagemens extérieurs, et à l'exactitude avec laquelle elle s'est, dans d'autres occasions, conformée aux règles de la justice et de la modération; tandis que les gouvernemens qui violent habituellement ces principes, sont depuis long-temps signalés à l'Europe comme des brigands, contre lesquels la malveillance des nations n'attend que des occasions favorables pour éclater.

Peuple français ! souviens-toi que tu déclaras à l'Europe en 1790, que *tu renonçais à entreprendre aucune guerre dans la vue de faire des conquêtes.* Tu sentais alors que la nature avait tout fait pour toi, et que tu étais assez puissant pour n'avoir rien à craindre, assez grand pour n'avoir rien à desirer. Si la méchanceté de tes ennemis t'a forcé à prendre les armes pour le soutien de tes droits, garde-toi de souiller tes lauriers du souffle de l'ambition, et de persuader à l'Europe attentive que tu as moins songé à te défendre qu'à t'aggrandir. Calcule tous les effets qui doivent résulter de prétentions aussi vastes, quand bien même elles ne seraient pas un obstacle insurmontable à la paix, et qu'à force de victoires tu viendrais à bout de les arracher à la faiblesse de tes ennemis. De quel œil les peuples de l'Europe verront-ils un accroissement qui augmenterait notre population de près de six millions d'ames, et qui romprait tout équilibre politique? Que de germes secrets de haine, de malveillance et de jalousie semerait parmi eux un aggrandissement aussi prodigieux, germes auxquels le vaste champ de la fortune peut fournir plus d'une occasion de se développer ! C'est précisément parce que nous sommes forts, qu'il faut nous faire pardonner nos victoires par la modération. Louis XIV expia bien cruellement sur la fin de sa vie les prospérités qui avaient signalé sa longue carrière. Pense-t-on que nos ennemis, en nous cédant nos conquêtes, abandonnassent l'espoir de les recouvrer un jour, et qu'ils ne nous fissent, pour se venger, peut-être encore plus de maux qu'ils ne nous en ont déja faits ? Pense-t-on qu'ils n'entretiendraient pas, même en pleine paix, au moyen de leurs partisans, de nombreuses intrigues dans ces pays mal affectionnés à leur nouvelle patrie, et qu'ils n'y attisassent continuellement le feu de la révolte et de la sédition ? Je ne parle pas de la résistance qui naîtrait de la différence des mœurs, de la langue, des opinions dans un peuple chez qui la superstition a jeté de profondes racines : sur-tout si, pour établir l'homogénéité dans le corps politique, on lui faisait parcourir par un mouvement rapide les révolutions que nous n'avons parcourues nous-mêmes que successivement. L'exemple de la Hollande, qui s'est soustraite au joug de ses anciens maîtres, pour s'ériger en puissance indépendante, fera perpétuellement desirer aux peuples des Pays-Bas de l'imiter. Croit-on que cet orgueil national, dans un peuple qui a le sentiment de ses forces et de ses richesses, et qui s'est révolté si souvent contre les princes Bourguignons, Espagnols et Autrichiens, soit un obstacle si facile à vaincre ? Nous n'avons déja que trop de germes de divisions au-dedans de nous, sans chercher à les multiplier. Veut-on créer au Nord de la France de nouvelles Vendées ?

Toutes ces considérations doivent faire oublier les avantages que présente au premier coup-d'œil l'acquisition des pays conquis, tant comme barriere que comme accroissement de force et de richesses. Si le Rhin nous offre un retranchement naturel contre les entreprises de nos ennemis, ce triple front des places fortes qui couvre notre frontière depuis Dunkerque jusqu'à Landau, n'est-il pas une barrière artificielle, capable d'arrêter tous leurs efforts ? La France ne renferme-t-elle pas dans la vaste étendue de son territoire, dans la fertilité de son sol, dans la facilité de ses communications intérieures et extérieures, des moyens assez nombreux de prospérité, sans aller en chercher chez ses voisins ?

Mais faut-il donc abandonner tout le fruit de nos victoires, et restituer toutes nos conquêtes? Je ne le pense pas. Je crois même que la France doit profiter de son ascendant victorieux pour se faire faire toutes les cessions compatibles avec les règles de la justice, et pour disposer, dans l'Europe et autour d'elle, des cadres politiques, propres à recevoir nos institutions à mesure que le progrès du temps et des lumieres les répandront. Il paraît naturel et juste qu'elle garde les pays dont on a formé les départemens de Vaucluse, du Mont-Terrible, du Mont-Blanc et des Alpes Maritimes. Ce léger accroissement ne peut lui mériter le reproche d'ambition, et lui procurera des acquisitions sûres et précieuses.

Le premier de ces pays, enclavé dans la France, quoique d'une étendue médiocre, est l'un des plus beaux et des plus fertiles de tout le Midi. Le lien qui l'attachait au joug d'un prêtre qui règne sur les bords du Tibre, est une de ces monstruosités politiques que la raison doit proscrire. Le Mont-Terrible nous donne une barrière très-avantageuse contre la maison d'Autriche, du côté de la Suisse, où elle a des possessions en-deçà du Rhin. Le Mont-Blanc, qui ferme tout accès à notre frontière du côté de l'Italie, nous offre des ressources précieuses par ses mines et ses bois de construction qu'il est facile de faire descendre à Toulon, en rendant l'Isere navigable jusqu'en Tarentaise. Ce pays peut aussi devenir le lien du commerce entre la Suisse et les départemens méridionaux, en ouvrant un canal qui unisse la navigation du lac de Génève avec ceux d'Annecy et du Bourget, et par conséquent avec le Rhône; opération que je crois très-facile à exécuter. Le département des Alpes-Maritimes augmente le nombre de nos ports sur la Méditerranée; ce qui rend sa possession très-avantageuse sous le double rapport de la politique et du commerce. D'ailleurs, tous ces départemens sont des pays isolés qui n'ont pas une étendue et une population assez considérables, pour qu'il ne soit pas facile de les plier à nos institutions et à nos mœurs; avantage que ne présentent pas nos conquêtes au Nord.

Il est d'autant plus naturel de garder ces pays organisés depuis long-temps d'après les lois françaises, qu'il est aisé d'indemniser les gouvernemens sur lesquels nous les avons conquis. Ceci conduit à l'examen de la seconde question que nous nous sommes proposée : Quels seraient, dans le systême de la paix générale, les moyens de concilier l'intérêt de toutes les parties avec les règles de la politique.

Et d'abord la paix doit-elle être genérale ou partielle ? Il paraît juste de distinguer parmi nos ennemis ceux qui ont été entraînés dans la coalition par faiblesse ou par crainte, de ceux qui n'ont obéi qu'à de vieux ressentimens, à d'aveugles passions, et qui, sous le masque d'une bienveillance perfide, ont travaillé à armer les Français les uns contre les autres, et à répandre au milieu d'eux tous les maux de la guerre civile et de l'anarchie. Ces gouvernemens qu'on peut regarder comme nos éternels et irréconciliables ennemis, méritent que nous fassions porter sur eux tout le poids de la guerre et de la victoire. J'observerai d'abord que la liaison qui existe entre tous les coalisés et la combinaison de leurs intérêts, ne permet guère de séparer l'ouvrage de la paix. Ce parti n'eût-il que l'inconvénient d'en reculer l'époque, et de la soumettre à toutes les chances de la fortune, ce serait déja un violent préjugé contre lui. En second lieu, je ne craindrai pas de dire que, dans le cas même d'une paix partielle, la saine politique, c'est-à-dire, celle qui est fondée sur la morale, et qui, dans ses résultats, ne considère pas seulement le moment actuel, mais embrasse tout l'avenir, ordonne au peuple vainqueur de donner à chacun de ses ennemis ce qui lui convient et ce qu'il desire. C'est ainsi qu'on fait des traités solides, et qu'on éloigne de soi le reproche d'ambition et d'injustice qui laissent toujours après elles des germes funestes à la tranquillité et au bonheur des états ; germe que mille circonstances peuvent développer, comme l'histoire le montre à chaque pas. Je dirai donc à ma patrie que, quand bien même elle pousserait ses conquêtes jusqu'au fond de l'Allemagne ; quand même elle reprendrait sur l'Angleterre, sa rivale, tous les avantages que l'insuffisance de ses moyens maritimes lui a fait perdre, il est de son devoir, en donnant la paix, de ménager l'intérêt de tous ses ennemis.

J'ignore si l'état de notre marine nous met en mesure de reprendre militairement nos colonies et notre Corse ; mais un moyen facile d'obtenir la restitution de cette dernière île, trop importante pour nous à cause de sa situation dans la Méditerranée, et trop dangereuse entre les mains des Anglais à cause du voisinage de nos côtes, serait de forcer l'Espagne à leur rendre l'île de Minorque qu'ils ont possédée près d'un siècle, et qui leur donnait une station et un pied dans la Méditerranée, favorable à leur commerce dans cette mer. Nous avons un moyen de dédommager d'une manière avantageuse cette dernière puissance, qu'il est de notre intérêt de ménager à cause des anciens traités qui nous lient avec elle ; traités qui reprendront nécessairement leur vigueur, parce qu'ils sont fondés sur des besoins communs. Ce moyen consiste à faire céder à l'Espagne l'île de Sardaigne qui lui appartenait jadis, et qui, à cause de ses ports et de sa situation dans la

Méditerranée, ne convient qu'à une grande puissance qui ait elle-même une certaine étendue sur cette mer. La Lombardie Autrichienne est l'indemnité naturelle qu'il convient de donner à la maison de Savoie pour les états que nous lui enlevons. Ce pays, qui communique de plein pied avec le Piémont, est aussi riche que beau, et formerait avec lui un tout parfaitement homogène ; tandis que les différens états qui composaient auparavant le domaine de cette couronne, étaient aussi différens de mœurs que de position. Il serait facile de remplacer en Italie même les possessions que nous ôtons à l'Empereur, en faisant séculariser en sa faveur les états du Pape, à la première vacance du trône pontifical, qui ne peut être beaucoup éloignée, et en réduisant le futur évêque de Rome à la puissance spirituelle. Il est scandaleux pour la philosophie de voir régner au milieu de l'Italie, un prêtre qui de là étend sur tout l'univers le sceptre de la superstition ; et dans le même pays qui fut jadis la patrie des plus grands hommes et le centre du plus vaste empire qui ait existé.

> Des prêtres indolens foulent d'un pied tranquille
> Le tombeau de Caton et la cendre d'Emile.

Tous les vices politiques et moraux désolent aujourd'hui ce pays qui jadis enfanta tant de prodiges, et qui est encore à présent le siége des arts les plus distingués. Les Romains, fatigués d'un joug avilissant, desirent et attendent un gouvernement. Le moyen le plus simple de parvenir à ce but, est de faire réunir entre les mains de l'Empereur qui est *Roi des Romains*, le domaine utile avec l'honorifique dont il jouit déja. Tout le monde a connu les intrigues de Joseph II pour opérer cette réunion aussi désirable que naturelle. Jamais occasion ne fut plus favorable que l'époque où nous nous trouvons, sur-tout si nos armes sont aussi heureuses en Italie qu'elles l'ont été ailleurs.

Quant aux départemens de Vaucluse et du Mont-Terrible, comme ils sont conquis sur des prêtres, il est inutile de s'occuper d'indemnité à leur égard, puisque de leur propre aveu *leur royaume n'est pas de ce monde*. La principauté de Mont-Béliard que nous avons prise sur le duc de Wirtemberg, paraît sortir de ce cas. on pourrait donner en échange à ce prince le comté de Neufchâtel qui en est voisin et qui appartient au roi de Prusse. Nous verrons ensuite comment on peut dédommager ce dernier. Je viens maintenant à nos conquêtes du Nord.

La victoire nous a rendus maîtres de tous les Pays-Bas Autrichiens, des électorats de Trèves et de Cologne, et d'une partie du Palatinat. Mayence est la seule place qui nous manque pour avoir tout le cours du Rhin. Tous ces pays, qui ont assez d'analogie les uns avec les autres, paraissent destinés à former un état intermédiaire entre nous et l'Allemagne : et je crois que la politique commande cette création, d'autant plus impérieusement qu'il est facile de l'opérer par un moyen bien simple qui ne nuit à personne, et qui concilie tous les intérêts avec les mœurs et les besoins des peuples et des localités. Ce moyen consiste à échanger les Pays-Bas Autrichiens et le pays de Liége, réunis sous le nom de Belgique, contre l'électorat de Bavière. On connaît tous les efforts de Joseph II pour opérer cet échange, qui fut traversé puissamment par le dernier roi de Prusse ; mais les rapports qui unissent les cours de Vienne et de Berlin dans la guerre actuelle, leur intérêt commun dans le partage de la Pologne, facilitent les moyens de l'exécuter aujourd'hui. Je sais que les princes de l'Empire ont intérêt d'empêcher la maison d'Autriche de s'aggrandir en Allemagne, et que cet échange, qui augmenterait la puissance de cette maison par le rapprochement de ses possessions, est de nature à les effrayer; mais l'acquisition de la Bavière ne rendrait les Empereurs guère plus puissans en Allemagne que lorsqu'ils possédaient la Silésie. Il est d'ailleurs aisé d'établir un certain équilibre entre eux et la maison de Brandebourg; équilibre d'où dépend la tranquillité de l'Allemagne, en faisant séculariser en faveur de cette dernière plusieurs états écclésiastiques enclavés dans les Cercles, tels que Munster, Osnabruk, Paderborn en Westphalie, Bamberg, Wurtzbourg en Franconie. Ces sécularisations, déja pratiquées différentes fois en Allemagne, sont un moyen qui ne nuit à personne, sur-tout en les opérant par voie d'extinction. Le clergé est la mine féconde qui doit combler tous les deficits politiques et fiscaux. Comme la France n'a pas le droit de s'immiscer dans la constitution intérieure de l'Empire, elle ne peut effectuer directement ces sécularisations, mais il est possible de les proposer dans un congrès.

L'échange de la Bavière contre les Pays-Bas remplit d'une manière admirable l'objet de toutes les parties. La France acquiert au lieu d'un voisin turbulent et ambitieux, un allié tranquille et sûr, qui peut tout avec nous et rien contre. En éloignant de ses frontieres son ancienne et éternelle ennemie, elle se garantit en quelque sorte une paix perpétuelle. L'Empereur acquiert, au lieu d'une possession éloignée et précaire, une possession très-analogue aux siennes, par le rapport des mœurs, des usages, de la langue et de la topographie. La maison de Bavière se rapproche de ses possessions en Westphalie et dans le Palatinat, indépendamment de ce que les Pays-Bas sont plus riches et plus beaux que la Bavière. Elle acquiert l'expectative de réunir entre ses mains, par voie de sécularisation, tous les états ecclésiastiques situés en-deçà du Rhin ; opération que sa qualité de prince de l'Empire rend très-facile. Les Belges, qui détestent le joug de l'Empereur, et qui visent depuis long-temps à former une nation, obtiennent le double avantage d'être indépendans et d'avoir chez eux leur gouvernement. Il sera de même facile d'établir entre eux et les Français tous les rapports de commerce que leur situation respective comporte. Ce peuple nous devant son existence politique, nous sera attaché par les même liens de reconnaissance et d'amitié que les Etats-Unis. En un mot, je crois que ce parti remplit toutes les fins qu'on doit raisonnablement se proposer.

Quant à nos colonies, il sera facile de nous faire rendre celles que les Anglais nous ont prises dans l'Amérique et dans l'Inde, en attaquant l'électorat d'Hanovre ; entreprise dont la position de nos armées en Hollande nous facilite les moyens.

Je répéterai encore avant de finir qu'il faut associer la morale à la politique, si l'on veut faire quelque chose de bon et de durable. L'homme d'état vraiment habile est celui qui ne s'écarte point du chemin de la justice, pour s'égarer dans les sentiers de la ruse et de l'intrigue, et qui jette dans le présent les semences de l'avenir. Il vaut mieux avoir des alliés que des conquêtes, qui se ressentent toujours de la source impure où elles ont pris naissance. Le génie ambitieux de la maison d'Autriche lui a fait perdre insensiblement, par l'effet de la jalousie et de la haine des autres nations, le rang de première puissance de l'Europe ; tandis que la France, par une politique plus généreuse et plus franche, s'est élevée à la place qu'elle occupait. Voulons-nous conserver cet avantage? Rejetons loin de nous des idees gigantesques qui ne présentent aucune utilité réelle, et qui entraînent à leur suite les plus graves inconvéniens.

ETIENNE MURE, *ancien professeur au Collége de Dijon, département de la Côte-d'Or, actuellement élève au Cours normal.*

www.ingramcontent.com/pod-product-compliance
Ingram Content Group UK Ltd.
Pitfield, Milton Keynes, MK11 3LW, UK
UKHW032035260826
14628UKWH00006B/2983

9 782013 370943